Si tú fueras la Luna

Laura Purdie Salas   Ilustraciones de Jaime Kim

Traducción de Isabel C. Mendoza

VISTA
HIGHER LEARNING

SANTILLANA USA

¡Hoooolaaaa, Luna! ¡Qué cansada estoy!

Me gustaría no tener que hacer absolutamente nada, como tú.

Yo hago muchas cosas, niña.
Y si tú fueras la Luna, también las harías.

Si tú fueras la Luna...

Darías vueltas alrededor de tu madre.

Los científicos creen que la Luna se formó hace 4500 millones de años, cuando un meteorito del tamaño de Marte se estrelló contra la recién formada Tierra. Rocas de la Tierra y del meteorito se esparcieron por el espacio y formaron la Luna.

La ayudarías a mantenerse en equilibrio.

La Tierra se tambalea al girar. La gravedad de la Luna, que es la fuerza que atrae las cosas, actúa como unas manos invisibles que ayudan a la Tierra a mantenerse firme. Si la Luna no existiera, ¡la Tierra se movería de un lado al otro de manera incontrolable! Bruscos cambios entre un calor abrasador y un frío glacial destruirían la vida en nuestro planeta.

Girarías como una bailarina.

La Luna gira sobre su propio eje invisible y completa una vuelta cada veintisiete días. También da una vuelta completa alrededor de la Tierra cada veintisiete días. Como gira sobre su eje a la misma velocidad que gira alrededor de la Tierra, siempre vemos la misma parte de la Luna. Al lado que nunca se ve desde la Tierra lo llamamos la cara oculta de la Luna.

Jugarías a los quemados con rocas espaciales.

¡La Luna no serviría para jugar a los quemados, ya que no esquiva los meteoritos que se estrellan contra ella! Todos esos choques han golpeado la capa más externa de la Luna levantando un polvo gris. Por eso su superficie está llena de cráteres y abolladuras.

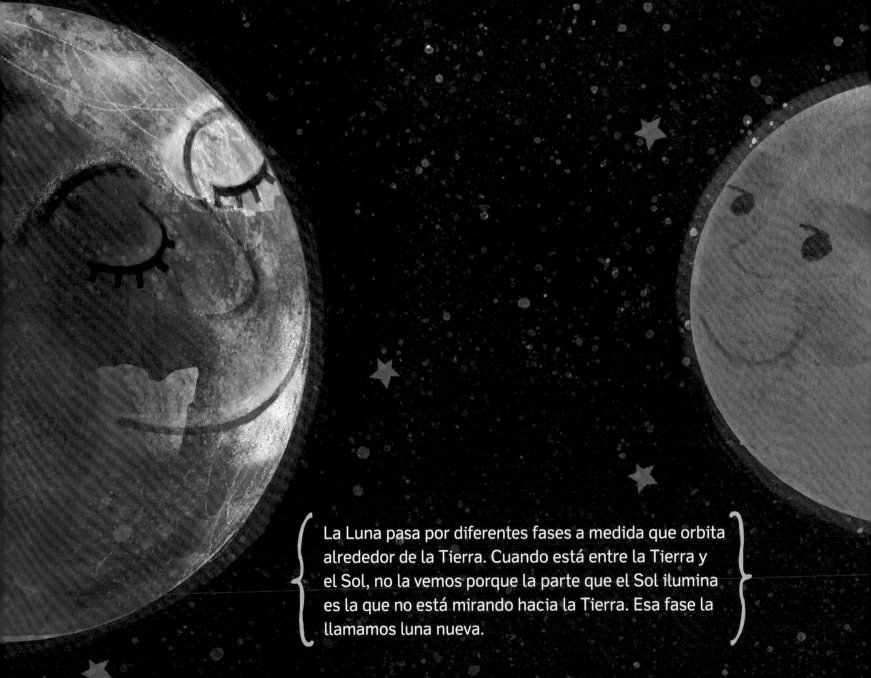

Te esconderías en las sombras.

La Luna pasa por diferentes fases a medida que orbita alrededor de la Tierra. Cuando está entre la Tierra y el Sol, no la vemos porque la parte que el Sol ilumina es la que no está mirando hacia la Tierra. Esa fase la llamamos luna nueva.

Jugarías al escondite
con la Tierra.

14

La Luna aparentemente crece (sale de la oscuridad y se convierte en luna llena) y mengua (se encoge hasta volver de nuevo a la oscuridad) cada 29.5 días. ¡En realidad, la Luna no crece ni se encoge! Lo que pasa es que vemos una porción diferente de ella dependiendo de dónde estén ubicados el Sol, la Luna y la Tierra.

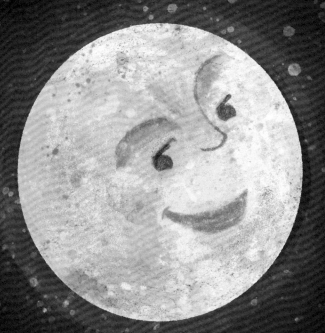

Atraparías y lanzarías. Atraparías y lanzarías.

Por la noche, la Luna parece brillar en el cielo. Pero la Luna está hecha de rocas. Al igual que la Tierra, no puede crear luz. Lo que hace, en realidad, es "atrapar" la luz del Sol y "lanzarla" hacia la Tierra.

Invitarías al océano a jugar al tira y afloja.

La fuerza de gravedad de la Luna tira de la Tierra. Cuando esa gravedad jala los océanos, se crean las mareas altas y bajas. Al mismo tiempo, la gravedad de la Tierra tira de la Luna. Esta no tiene océanos ni mareas, pero los científicos creen que la fuerza de gravedad de la Tierra ha producido miles de pequeñas grietas y crestas en la superficie de la Luna.

Serías el luminoso reloj despertador de la noche.

A medida que se oculta el sol, se despierta todo un mundo que vive en la oscuridad. Los animales nocturnos descansan durante el día y cazan, comen, se reproducen y se comunican durante la noche. Los búhos, los ocelotes, las hienas y los hámsteres son algunos de los muchos seres nocturnos que hay en nuestro planeta.

Iluminarías un camino
hacia el mar.

Cuando las crías de las tortugas marinas salen de sus huevos, anidados en la playa, se dirigen por instinto hacia donde está la luz más intensa, que suele ser la luz de la Luna reflejada sobre el océano. Así, las tortugas recién nacidas logran llegar a su hogar: el mar.

Hechizarías a los soñadores.

La Luna ha inspirado a artistas de todo el mundo. El músico francés Claude Debussy compuso "Claro de luna" para piano. La poetisa estadounidense Emily Dickinson escribió "La luna está lejos del mar". El pueblo baule, de Costa de Marfil, crea máscaras de luna para sus festivales.

Esperarías que tus amigos volvieran a visitarte.

Además de la Tierra, la Luna es el único cuerpo celeste sobre el cual han caminado los seres humanos. Doce astronautas caminaron por la Luna entre 1969 y 1972. El primero fue Neil Armstrong. Como en la Luna no sopla el viento, sus huellas permanecerán impresas en la polvorienta superficie lunar durante un millón de años o más.

Susurrarías consejos sabios desde el cielo.

Durante siglos, la Luna ha guiado a los agricultores. Los campesinos estadounidenses solían sembrar, desyerbar y cosechar durante ciertas fases de la luna. En China todavía se celebra la cosecha de otoño el décimo quinto día del octavo mes del calendario lunar. Ese día es luna llena y comen "pasteles de luna".

Le cantarías a la Tierra una nana plateada.

Para mi hermana Janet,
una luz que sirve de guía a las criaturas soñadoras —L.P.

Para Jaeho —J.K.

Glosario

cuerpo celeste: Cada uno de los objetos que forman parte del universo.

eje: Línea recta imaginaria que pasa por el centro de la Luna.

fase: Cada una de las formas de la parte de la Luna que podemos ver en diferentes momentos.

gravedad: La fuerza que atrae un objeto hacia otro. La gravedad de la Tierra evita que flotemos en el aire.

marea: Movimiento del nivel del océano, hacia arriba o hacia abajo.

meteorito: Roca o pedazo de metal que cae en la superficie de un cuerpo celeste.

orbitar: Viajar alrededor de otra cosa siguiendo un camino curvo.

Agradecimiento: Gracias a la astrofísica Shelbi R. Schimpf por revisar el texto y las ilustraciones para garantizar el rigor científico.

© 2020, Vista Higher Learning, Inc.
500 Boylston Street, Suite 620.
Boston, MA 02116-3736
www.vistahigherlearning.com
www.loqueleo.com/us

Título original: *If You Were the Moon*
© Del texto: 2017, Laura Purdie Salas
© De las ilustraciones: 2017, Jaime Kim

Publicado bajo acuerdo con Millbrook Press, una división de Lerner Publishing Group, Inc., 241 First Avenue North, Minneapolis, Minnesota 55401, U.S.A.

Dirección Creativa: José A. Blanco
Editora General: Sharla Zwirek
Desarrollo Editorial: Lisset López, Isabel C. Mendoza
Diseño: Radoslav Mateev, Sara Montoya, Gabriel Noreña
Coordinación del proyecto: Brady Chin, Tiffany Kayes
Derechos: Jorgensen Fernandez, Annie Pickert Fuller
Producción: Oscar Díez, Sebastián Díez
Traducción: Isabel C. Mendoza

Si tú fueras la Luna
ISBN: 978-1-54332-347-4

Publicado en los Estados Unidos de América

2 3 4 5 6 7 8 9 GP 25 24 23